C'EST CLAIR ?

La communication efficace dans un monde neurodiversifié

Astuces de personnes autistes pour les personnes non autistes

Zanne Gaynor, Kathryn Alevizos et Joe Butler

Traduction par David Edwards

Nous tenons à remercier les personnes suivantes qui ont pris le temps de nous transmettre leurs réactions:

J'ai été très étonné à la lecture de ce livre de voir quelque chose de très familier, d'authentique. Beaucoup de ces données sont celles que je transmets quand j'explique en conférence mon fonctionnement autistique. Je valide la pertinence de cet ouvrage. Je le recommande pour les établissements médico-sociaux qui accueillent des personnes autistes, aux enseignants, aux employeurs, aux parents et aux autistes qui n'ont pas encore une connaissance suffisante de leur mode de fonctionnement.
Jean-Marc Bonifay

C'est clair? propose des astuces simples et efficaces à intégrer petit à petit dans nos échanges destinés aux personnes avec autisme. C'est un format synthétique, agréable à lire et très bien illustré par des exemples du quotidien. Idéal pour les parents, aidants comme les intervenants.
Clothilde Garraud-Gherardini

[C'est clair?]...me paraît précieux pour aborder la communication en autisme, pour les enseignants ou les employeurs. Il est clair que si les personnes entourant les personnes autistes tentaient de respecter vos recommandations, les bénéficiaires comprendraient davantage ce que nous tentons désespérément de leur dire. Évidemment, il s'agit uniquement d'un public parmi d'autres mais la communication étant particulièrement problématique, l'ouvrage devient un outil pertinent en terme d'inclusion.
Eric Landfried

Je trouve que c'est un livre très bien construit, avec un format intéressant qui se lit rapidement et facilement. Il est accessible à tous. Il devrait être distribué dans les écoles et les lieux accueillant des personnes avec autisme. Les encadrés rappelant l'essentiel à chaque fin de section permettent de reprendre rapidement toutes les informations.
Tiphaine Lanos

Les Personnes autistes parlent aux personnes non-autistes à travers ce guide pratique, simple, clair, étagés de nombreux exemples concrets dans l'art de la communication et de l'approche de l'autre dans toute sa diversité et l'on en revient toujours là : chaque individu est unique...

Gommons nos idées préconçues et nos préjugés pour des échanges enrichissants.
Françoise Le Trouher

Un livre indispensable pour toutes personnes côtoyant une ou des personnes autistes! Un guide essentiel pour s'exprimer de façon claire, compréhensible, accessible. Des chapitres courts et précis, des explications illustrées d'exemples concrets, des conseils utiles. A l'issue de notre lecture, nous comprenons pourquoi nous devons adapter notre langage, quelque soit le niveau de notre interlocuteur. Nous avons tous les éléments pour améliorer notre communication verbale et non-verbale. Nous pouvons construire ainsi, c'est clair, des interactions de meilleure qualité basées sur une compréhension mutuelle.
Lydia Luperto

Un travail participatif d'une grande utilité, dans un format de poche, pour tous ! Des contenus clairs et précis, nous donnant l'occasion de nous questionner sur notre façon de communiquer pour un meilleur ajustement. La démonstration même d'une communication plus efficace et inclusive.
Isabelle Picard-Mathevon

Je viens de le lire, je le trouve très bien construit, très pédagogique pour des personnes « débutantes » dans la connaissance des personnes autistes. Le format « fiche pratique » assez concise est très adapté.
Sonia Pignot

Nous assistons aujourd'hui à un développement important des modes de communication, notamment dans les interactions auprès des personnes porteuses de troubles du spectre de l'autisme. En donnant la parole à des personnes porteuses de TSA, ce guide a pour objectif de favoriser la mise en place d'une société inclusive en aidant tout un chacun à améliorer facilement sa communication. C'est à cette unique condition que nous pourrons communiquer plus efficacement dans un monde neurodiversifié.
Uvaldo Polvoreda

Cet ouvrage est excellent pour des professionnels travaillant au contact d'un public avec des troubles du spectre de l'autisme. Il peut aussi être ressource dans des lieux qui pratiquent l'inclusion, écoles, associations...Il invite à se mettre à leur place avec beaucoup de finesse.

Je trouve en revanche le titre pas assez accrocheur, notamment un monde neurodiversifié.
Séverine Voilquin

Première édition en anglais, publiée, 2020

© Zanne Gaynor, Kathryn Alevizos et Joe Butler
www.acrobat-global.com

ISBN 978-1-9162800-4-5

Les droits de Zanne Gaynor, Kathryn Alevizos et Joe Butler d'être identifiés comme les auteurs de ce travail ont été revendiqués par eux conformément à la loi de 1988 sur le droit d'auteur, les dessins et modèles et les brevets.

Un enregistrement CIP de ce livre est disponible
à la British Library.

Tous les droits sont réservés. Aucune partie de ce livre ne peut être reproduite, stockée dans un système de récupération ou transmise sous quelque forme ou par quelque moyen que ce soit, électronique, mécanique, photocopie, enregistrement ou autre, sans l'autorisation écrite préalable du détenteur des droits d'auteur.

Aucune responsabilité pour les pertes occasionnées à toute personne agissant ou s'abstenant d'agir à la suite de tout contenu de cette publication ne peut être acceptée par les auteurs ou l'éditeur.

Conception et production par Prepare to Publish Ltd
www.preparetopublish.com

Sommaire

Note du traducteur : David Edwards 9
Avant-propos par Joe Butler 11
Préambule par Zanne Gaynor et Kathryn Alevizos 18

1 Adaptons notre langage
1.1 Marquons des pauses et attention au rythme 22
1.2 Les mots superflus 24
1.3 Les sons « disparaissant » 26
1.4 Les consignes 28
1.5 Les questions peuvent être difficiles 32
1.6 Que demandons-nous vraiment ? 34
1.7 Faisons-en une affaire personnelle 36
1.8 Les expressions de temps 38
1.9 Le langage ambigu 40
1.10 Se mélanger les pinceaux 42
1.11 Ensembles de mots difficiles 44
1.12 Quand la politesse devient un problème 46

2 Inclusif et pas exclusif
2.1 Faire attention au bavardage 50
2.2 C'est l'histoire de Toto qui… 54
2.3 Tous ensemble 56
2.4 Faire fonctionner les groupes 60
2.5 Valoriser les différentes identités 62

C'EST CLAIR ?

3 Les différents moyens de communiquer
3.1 La communication non verbale   66
3.2 Les supports visuels   70
3.3 La communication écrite   74
3.4 Appels téléphoniques   78
3.5 Les conversations en ligne   82
3.6 Conférences et présentations   82

Conclusion   84
10 Mesures que certaines personnes autistes ont besoin que nous prenions   86
Note   88

À propos des auteures   90
Remerciements   92

Note du traducteur : David Edwards

Par où commencer ? L'histoire de cette traduction est longue et complexe. Je suis anglais, mais je suis venu vivre en France en 2001 ; la culture et la langue française m'ont tout de suite émerveillé et elles me passionnent toujours.

J'ai accepté de faire la traduction du livre de Kathryn, Zanne et Joe tout d'abord parce que leur livre me frappe par la clarté et la pertinence de ce qu'elles ont écrit mais aussi parce qu'il me semble qu'il y a actuellement un manque de livres simples et clairs, qui exposent un problème potentiel ou réel mais qui en même temps, proposent une solution réalisable.

J'ai aussi accepté parce que, heureusement, je suis entouré par des collègues enthousiastes et intéressés de l'APAJH du Tarn (surtout Anne Rumerio, Sandrine Libaud et Edith Hollevoet, qui ont fait partie du groupe de lecture et qui avaient toujours beaucoup d'idées ; un grand « bravo » à elles). Et aussi par ma famille, par mes enfants Nathan, Megan, Zélie, Mila et Eliott qui m'ont laissé tranquille le temps nécessaire, et surtout par ma femme, Valérie Frammery-Edwards qui m'a encouragé et m'a énormément aidé dans ce travail complexe et parfois nébuleux. Parce que souvent il n'y avait pas simplement une question d'échanger un mot anglais pour un mot français mais de faire vivre le sentiment des auteurs par une transformation de l'esprit et de la sagesse de l'original vers son complément français. Ce n'était pas facile et c'était plus long que prévu, mais j'ai le sentiment d'avoir participé à quelque chose de merveilleux.

C'EST CLAIR ?

Mon histoire personnelle avec l'autisme a commencé bien avant que j'aie des élèves autistes dans ma classe lorsque j'étais instituteur dans le Leicestershire dans les années 1980 et elle n'est pas encore terminée. Actuellement, j'occupe deux postes qui me passionnent : chargé de formation autisme pour l'APAJH du Tarn et professeur des universités à l'Université de Birmingham dans l'équipe spécialisée dans l'autisme. Les deux postes se complètent bien avec un bon équilibre entre l'actualité dans le domaine de l'autisme et les rencontres quotidiennes avec le monde autiste, ce qui rend le partage de bonnes pratiques avec mes collègues vivant et perspicace.

La traduction de ce livre me semble être tout à fait en lien avec ma vie professionnelle : partager avec les autres le meilleur de ce que je trouve sur mon chemin dans l'espoir que les lecteurs et les lectrices y découvrent les éléments nécessaires pour réfléchir sur leurs pratiques et la façon dont ils peuvent les améliorer.

Avant-propos

Note du traducteur : nous avons fait le choix d'utiliser le vocabulaire anglo-saxon dans cette partie pour montrer que les mots que nous utilisons sont très importants et doivent respecter le choix de la personne autiste en face de nous. En Angleterre, comme en France, il y a autant de façons d'appeler une personne autiste qu'il y a de personnes autistes, mais la majorité préfère dire « une personne autiste ».

Par Joe Butler

C'est avec grand plaisir que je travaille avec des enfants et des adolescents autistes depuis plus de vingt ans et j'ai de merveilleux amis et collègues autistes.

Que nous en soyons conscients ou non, la plupart d'entre nous connaissons une personne autiste.

Les personnes autistes sont de tous âges, sexes, races et ethnies ; toutes ne sont pas diagnostiquées, mais elles voient le monde différemment des personnes non autistes.

Ce livre explique donc l'importance pour les personnes d'adapter leur façon de communiquer pour inclure et interagir plus efficacement avec tous.

Par souci de clarté, et en respectant les préférences de la majorité des personnes autistes et de celles que nous avons consultées, nous utiliserons les termes « personne autiste » et « personne non autiste » tout au long du livre.

C'EST CLAIR ?

Selon l'INSERM, la France compte environ 700 000[1] personnes autistes dont 100 000 ont moins de 20 ans, soit environ une personne sur cent de la population. Si l'on inclut leurs familles, l'autisme fait partie de la vie quotidienne de plus d'un million de personnes.

Le terme « autisme » est utilisé pour décrire une différence neurologique dans le développement du cerveau qui a un effet marqué sur la façon dont une personne se développe.

L'autisme est juste un exemple de neurodiversité.

Il existe quatre domaines de différences dans l'autisme, chacun d'entre eux peut avoir un impact sur une communication claire et efficace.

Il est toutefois important de reconnaître que cette différence ne signifie pas que les personnes autistes sont inévitablement moins performantes en matière de communication.

Chaque personne autiste est différente.

Que nous soyons des personnes autistes ou non, nos capacités à comprendre les autres et à nous exprimer varient en fonction de notre état intérieur (par exemple le niveau de stress ou de fatigue) et du contexte dans lequel nous nous trouvons (comme le lieu, les personnes ou l'heure).

---

[1] https://www.inserm.fr/dossier/autisme/

Avant-propos

La communication

Il existe des différences dans la compréhension et l'expression de la communication et du langage, avec des compétences allant de personnes qui raisonnent et s'expriment très bien à d'autres non verbales. En outre, de bonnes compétences linguistiques peuvent dissimuler un profond niveau d'incompréhension.

La compréhension sociale

Il existe des différences dans la compréhension du comportement social et des sentiments d'autrui, qui influencent le développement des amitiés et des relations.

Le traitement de l'information

Il y a des différences de perception, de planification, de compréhension des concepts, de généralisation, de prédiction, de gestion des transitions, de passions pour certains intérêts et de capacité à absorber des informations auditives ou orales.

Le traitement sensoriel

Il peut y avoir des différences dans la perception des informations sensorielles.

C'EST CLAIR ?

La communication des personnes non autistes peut être déconcertante et déroutante pour les personnes autistes.

Les personnes autistes connaissent souvent des niveaux de stress accrus du fait qu'elles doivent « jouer un rôle » pour donner un sens et s'intégrer à un monde peu adapté aux personnes autistes.

Ce besoin de masquer ou de camoufler son autisme, qu'il soit conscient ou non, peut être épuisant et stressant et, en fin de compte, avoir un impact sur une communication efficace.

On peut avoir soit une hypo (faible) sensibilité, soit une hyper (forte) sensibilité, dans les domaines suivants : le toucher, la vue, l'ouïe, l'odorat, le goût, l'oreille interne vestibulaire (équilibre), la proprioception (conscience du corps), l'interoception (état interne du corps).

Il est crucial que les personnes non autistes endossent la responsabilité d'adapter leur style de communication et investissent dans des moyens simples pour permettre une compréhension mutuelle plus claire.

Après tout, les personnes non autistes constituent souvent le groupe majoritaire dans la plupart des foyers, des écoles, des lieux de travail et, plus généralement, dans la société.

Avant-propos

Les personnes autistes doivent déjà faire des efforts considérables pour faire face à ce qui leur semble être un monde illogique et peu accueillant.

Tous les changements et adaptations doivent être centrés sur la personne - ce qui fonctionne pour une personne autiste peut être très différent pour une autre et les besoins peuvent varier en fonction des niveaux de stress et d'anxiété.

Ma collaboration avec Kathryn et Zanne a vu le jour après la lecture de leur livre sur les stratégies pour une communication internationale efficace.

Un si grand nombre de leurs stratégies étaient de bonnes pratiques pour ceux qui avaient des différences de communication liées à la neurodiversité.

Le Dr Damian Milton, consultant en autisme et conférencier, commente également ce lien dans sa théorie de la « double empathie »[2], « *... lorsque des personnes ayant des expériences très différentes du monde interagissent les unes avec les autres, elles auront du mal à faire preuve d'empathie les unes envers les autres. Cette situation est susceptible d'être exacerbée par des différences dans l'utilisation et la compréhension de la langue. Si nous avons déjà eu une conversation avec une personne dont nous ne partageons pas la langue maternelle, ou même un intérêt pour le sujet d'une conversation, nous pouvons vivre quelque chose de similaire (bien que probablement brièvement).* »

---

[2] https://blogs.mediapart.fr/jean-vincot/blog/040620/autisme-le-probleme-de-la-double-empathie

C'EST CLAIR ?

Ce n'est pas seulement « l'autisme » d'une personne qui entraîne parfois des difficultés de communication et des malentendus.

Nos attentes et nos réponses quant à la façon dont les personnes autistes devraient agir, réagir et apprendre sont très souvent basées sur notre propre perspective de personne non autiste.

Le projet « Diversity in Social Intelligence » de l'université d'Édimbourg affirme que les personnes autistes ont leurs propres compétences sociales bien définies qui sont tout simplement différentes de celles des personnes neurotypiques.

Inévitablement, les personnes autistes décrivent souvent combien il est plus facile de communiquer et de socialiser avec d'autres personnes autistes.

Lire un livre ne suffit pas : nous vous invitons à apprendre à connaître des personnes qui partagent notre vie et rechercher, auprès d'elles et avec elles, ce qui peut permettre et favoriser une communication efficace à différents moments et dans différents contextes.

Les exemples que nous évoquons sont généralisés et ne sont certainement pas pertinents pour chaque individu.

Avant-propos

Ceci dit, ce livre a pour but de vous donner des éléments de compréhension, des considérations et des conseils pratiques pour rendre votre communication plus claire pour tous.

Nous tenons à remercier chaleureusement toutes les personnes autistes, dont certaines sont également parents d'enfants autistes, qui ont relu ce livre et partagé leurs expériences et leurs idées.

C'EST CLAIR ?

Préambule

par Zanne Gaynor et Kathryn Alevizos

En novembre 2019, nous avons publié un livre intitulé *Is that clear? Effective communication in a multilingual world*.

Ce livre avait pour but d'aider les anglophones de naissance à adapter leur langue dans un contexte international.

Après sa publication, nous avons commencé à diriger des ateliers, passionnées par notre conviction qu'une communication plus claire est essentielle dans presque tous les domaines de travail, de l'enseignement aux soins de santé, en passant par le travail caritatif, les affaires et bien d'autres.

Plus d'une fois, nos lecteurs et les participants aux ateliers nous ont dit que nos conseils pour une communication plus claire pourraient profiter à un public encore plus large.

Par exemple, les mêmes conseils que nous donnons pour un discours plus littéral, des questions et des instructions plus courtes et moins complexes, des conférences et des présentations construites plus clairement sont également essentiels dans un monde neurodivers.

Préambule

C'est alors que nous avons rencontré Joe Butler, une consultante en éducation expérimentée dans l'enseignement et le soutien aux enfants et jeunes personnes autistes.

Joe a lu notre livre et en a vu la pertinence pour son propre travail.

Pour les personnes autistes, la communication est rarement un terrain de jeu égal, car elles sont celles qui font le plus d'efforts pour comprendre et être comprises.

En collaborant avec Joe, nous avons combiné ses connaissances et son expérience du travail avec les personnes autistes avec notre expérience des langues et de la formation à la communication.

Ce projet a été extrêmement enrichissant et nous a beaucoup appris. Une fois encore, il a mis en évidence la nécessité d'une communication plus inclusive pour tous.

Nous espérons que vous apprécierez ce livre et qu'il vous sera utile.

Widgit Symbols © Widgit Software 2002-2020 www.widgit.com

1.

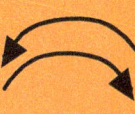

Adaptons

notre

langage

C'EST CLAIR ?

 ## Marquons des pauses et attention au rythme

Tout d'abord, ralentir !

Peut-être commençons-nous en parlant lentement, mais après un certain temps, il nous arrive d'accélérer et cela peut entraîner un manque de clarté, ce qui peut submerger une personne autiste.

Souvent trouver le bon rythme peut être plus difficile qu'on ne le croit, notamment si nous souhaitons éviter un langage exagéré ou artificiel, ou de parler plus fort que d'habitude. Comprendre les besoins individuels de notre interlocuteur est donc la clé qui permet de trouver le bon rythme et le bon ton.

Alors, quelle est la bonne réponse ?

Ajouter des pauses est une très bonne façon d'ajuster le rythme de notre conversation. Elles permettent un temps supplémentaire dont notre interlocuteur pourrait avoir besoin afin de filtrer, organiser et traiter ce que nous venons de lui dire avant de continuer la discussion. Sans pause, certaines personnes autistes pourraient être perdues.

Adaptons notre langage

De même, en faisant des pauses entre les phrases et les idées, nous décomposons le flux continu de notre voix en segments de langage gérables pour une personne autiste. Pensons à ce que nous ressentons dans l'apprentissage d'une nouvelle langue ou lorsque nous nous exprimons en langue des signes, et au rythme auquel nous devons parler ou signer au départ.

Bien sûr, dans un premier temps en utilisant cette technique, le langage pourrait nous paraître un peu forcé et maladroit, mais ce dernier aura un impact positif sur la façon dont nous sollicitons notre interlocuteur.

MESURES À PRENDRE

- Ralentissons : la vitesse de notre prise de parole doit dépendre des besoins de notre interlocuteur.
- Ajoutons des pauses afin de régler notre rythme à celui de notre interlocuteur. Accordons-nous environ 10 secondes de temps supplémentaire comme délai de latence.
- Evitons de parler d'une voix anormalement forte. Nous pouvons être clair sans être condescendants.

C'EST CLAIR ?

 **Les mots superflus**

Nous avons l'habitude de remplir les lacunes de notre discours avec des mots ou phrases comme :

...pour ainsi dire...   ... quelque chose comme...
...en quelque sorte...   ...enfin...
...genre...   ... en gros...
...en fait...   ...je veux dire...
...comme vous le savez...   ...au sens propre...
...il faut dire que...   ... pour être honnête...

Ces mots superflus à la compréhension risquent de rendre notre message ambigu. Pour commencer, ils n'ajoutent aucune signification pour notre interlocuteur et peuvent rendre le message principal plus difficile à comprendre pour lui, ce qui peut entrainer un délai dans son traitement et la compréhension de nos mots. De plus, certaines personnes autistes peuvent comprendre le sens littéral de certains mots. Par exemple, lorsque nous disons « *au sens propre* », qu'est-ce que nous voulons dire par « *propre* » ?

Les mots superflus sont littéralement un cauchemar pour une personne autiste ; examinons ensemble le problème.

Adaptons notre langage

Comparons les deux phrases ci-dessous :

« <u>En fait</u>, je ne fais rien pour mon anniversaire, <u>je veux dire que</u> la plupart de mes amis sont <u>majoritairement</u> au travail. »

« Je ne fais rien pour mon anniversaire. La plupart de mes amis sont au travail. »

De même, certaines personnes autistes trouvent ces mots superflus déconcentrants voire agaçants, au point qu'ils ne peuvent plus se concentrer sur le reste de la conversation. Si nous ne savons pas quels mots éviter, réfléchissons aux mots que nous écririons sur une carte aide-mémoire lors d'une présentation : ce sont les mots-clés les plus importants pour faire passer notre message.

MESURES À PRENDRE

- Identifions et limitons les mots superflus utilisés dans notre langage quotidien.
- Évitons de céder à la tentation de remplir tous les « trous » dans une conversation ; souvenons-nous que les pauses « vides » procurent à une personne autiste un temps de réflexion précieux.
- Préparons des phrases courtes et simples en amont pour nous aider à clarifier notre message en cas de besoin.

C'EST CLAIR ?

1.3 Les sons « disparaissants »

Dans la conversation quotidienne, notre langage se transforme. Plus nous parlons vite, plus certains sons disparaissent et certains mots fusionnent.

Regardons cette phrase : « *je ne sais pas* ». Essayons de la répéter encore et encore aussi vite que nous le pouvons. Que se passe-t-il ? Elle devient « *j'sais pas* » ou peut-être simplement « *chai'pa'* ». Tout le monde le fait. Ce n'est pas seulement une question d'être paresseux ou négligent ; c'est simplement quelque chose qui arrive en parlant.

Examinons ces exemples :

T'es là   (*Tu* es là ?)
On prend l'p'tit dej'   (*On prend le petit déjeuner ?*)
J'suis pas v'nu   (*Je ne suis pas venu*)

Si notre interlocuteur a du mal à nous comprendre, c'est peut-être parce que nos mots ont fusionné ou que les sons distincts ont disparu et non pas parce que notre langage est trop compliqué.

De la même manière, différents accents peuvent changer les mots d'une façon inattendue et donc non comprise par notre interlocuteur. Cette imprévisibilité pourrait affecter le besoin de temps de latence nécessaire à la compréhension.

Adaptons notre langage

Avec le temps, certaines personnes autistes pourraient reconnaître les accents et apprendre comment les sons et les mots fusionnent, mais en attendant il faut garder ceci à l'esprit.

MESURES À PRENDRE

- Evitons de parler mécaniquement et adaptons notre rythme. Si nous ralentissons notre débit de parole, il y aura une diminution dans la fusion de certains mots et dans leur disparition.
- N'oublions pas que fusionner les mots risque de rendre notre message moins clair.

C'EST CLAIR ?

 **1.4 Les consignes**

Il est essentiel de donner des consignes précises à notre interlocuteur. La manque de clarté peut amener à la frustration et au désarroi.

Les consignes doivent être courtes et précises et, si possible, commencer avec le prénom de la personne à laquelle on s'adresse. Parfois, la personne autiste aura besoin de temps pour accéder aux informations donc, si nous ne recevons pas une réponse tout de suite, ne croyons pas que nous ne sommes pas écoutés ou que nous sommes ignorés.

En fait, si nous nous hâtons de nous répéter, nous pouvons mettre en échec notre interlocuteur. N'oublions pas de lui laisser au moins 10 secondes de temps de latence si notre interlocuteur en a besoin.

Si nous avons besoin de répéter la consigne, utilisons les mêmes mots pour éviter de la surcharger. L'introduction de nouveaux mots signifie que notre interlocuteur doit recommencer dès le début pour traiter cette « nouvelle » demande, ce qui prendra encore plus de temps avant d'être compris et d'avoir une réponse.

Reformulons la consigne seulement dans le cas où elle n'est pas comprise et qu'il y a toujours une confusion.

Adaptons notre langage

Décomposons les consignes longues en petites étapes gérables. Vérifions que la première consigne soit comprise avant de nous lancer dans la suivante. Le rythme et la vitesse des consignes dépendent de notre interlocuteur et de ses besoins et ses capacités à ce moment précis (ex. niveau d'anxiété, de stress...), de la situation (l'environnement sensoriel, la connaissance de la consigne...) et du rapport que nous avons avec lui.

Si nécessaire, établissons des priorités selon l'importance de la consigne. Soyons clair sur ce qui est attendu sur la quantité de temps et de travail prévus pour réussir.

Un autre défi potentiel pour notre interlocuteur est l'emploi de négations. Par exemple, *« Ne répondez pas aux courriels spams »,* peut être compris comme *« Répondez aux courriels spams »* parce que les mots-clés de la phrase sont *« **répondez** »* et *« **courriels** ».* *« Supprimez les courriels spams »* serait plus clair.

En fait, il est souvent préférable d'utiliser des supports visuels pour faire passer son message en complément d'une consigne orale pas toujours fiable pour la personne autiste. (Voir section 3.2)

suite...

C'EST CLAIR ?

 MESURES À PRENDRE

- Gardons les consignes courtes et gérables pour notre interlocuteur, et laisser 10 secondes de temps de latence si besoin.
- Etablissons des priorités selon l'importance de la consigne.
- Vérifions que la consigne contient toute l'information nécessaire pour la suivre.
- Dans la mesure du possible, n'utilisons pas la négation et construisons des consignes de « *faire* » plutôt que de « *ne pas faire* ».
- Répétons la même phrase avec les mêmes mots si nécessaire.
- Le cas échéant, vérifions la compréhension de notre interlocuteur en lui demandant de répéter ce qu'il a compris.

C'EST CLAIR ?

Les questions peuvent être difficiles

Examinons pourquoi ces exemples sont difficiles :

« Vous n'avez pas vu mon manteau, par hasard ? »
« Je me demandais si vous aviez vu mon manteau. »

Le premier exemple est formé avec le négatif, *« Vous n'avez pas... »* et ce n'est pas clair qu'il s'agit d'une question. Notre interlocuteur doit démêler mentalement la signification de la phrase.

Le deuxième exemple est encore plus confus ; cette formulation est très indirecte. La phrase commence par l'imparfait *« Je me demandais »* ce qui peut être difficile à comprendre pour certains interlocuteurs et, par ailleurs, elle se termine avec le passé composé pour demander quelque chose dans le présent (*« Je cherche mon manteau »*).

Alors, ou se trouve la piste à suivre ?

Nous pouvons remplacer les deux questions par *« Où se trouve mon manteau ? »* Cette question est plus courte et plus claire et donc cette formulation évite d'augmenter le stress de notre interlocuteur. Si elle nous semble trop brusque, adoptons le ton juste avec une voix douce et employons le prénom de notre interlocuteur.

Adaptons notre langage

Poser plusieurs questions en même temps risque de submerger notre interlocuteur. Par exemple, *« Où est mon manteau ? Est-il dans votre chambre ? L'avez-vous encore emprunté ? »*

Si notre question concerne un choix, limitons le choix selon la capacité de notre interlocuteur, *« Vous voulez porter quel manteau ? Le marron ou le noir ? »*

Cela peut être épuisant pour une personne autiste de décoder des questions et savoir comment y répondre d'une façon appropriée. De plus, il y a souvent peu d'indications sur la manière d'y répondre ; une réponse honnête, pas de réponse (rhétorique) ou même une réponse fausse (par politesse ou diplomatie).

MESURES À PRENDRE

- Employons les questions courtes et directes. (Passez-moi le… ; donnez-lui la…)
- Limitons le nombre de réponses possibles, vérifions que notre interlocuteur n'utilise pas systématiquement la première ou la dernière possibilité citée. Utilisons les supports visuels pour que chaque possibilité soit comprise.
- Comme nous avons vu pour les consignes, lorsque nous devons nous répéter, employons les mêmes mots.
- Laissons un temps de latence entre les questions.

C'EST CLAIR ?

1.6 Que demandons-nous vraiment ?

Comme nous venons de le voir, les consignes et les questions sont souvent très compliquées pour notre interlocuteur.

Une bonne façon d'éviter la confusion est de nous demander, « *au fond, que demandons-nous vraiment ?* »

Examinons les exemples suivants afin de saisir à quel point ils peuvent être difficiles à comprendre.

« *Salut, comment allez-vous ?* » (Pour dire « *Bonjour !* ») Certaines personnes autistes entendraient dans cette formule une véritable enquête sur leur état de santé. Ces personnes peuvent avoir le souhait ou le besoin de s'exprimer sur leur état de santé ; ce qui n'est pas ce qui est demandé dans cette situation, mais pourrait l'être dans une autre.

« *Pouvez-vous vous asseoir ?* » (Un enseignant à un élève) Certaines personnes autistes entendraient « *Est-ce que vous êtes en capacité de vous asseoir ?* » et répondent « *Oui !* » mais elles ne s'assoient pas.

« *Comment ça va ?* » (Un directeur à un nouveau salarié.) Le directeur demande si le nouveau salarié s'est bien installé. Ce genre de questions ouvertes avec plusieurs réponses possibles laisse la personne autiste dans l'incertitude concernant la « bonne » réponse. Utiliser le verbe « *aller (va)* » n'est tout simplement pas clair ; et en plus, c'est quoi « *ça* » ?

Adaptons notre langage

« *Raconte-moi ta journée* » (un parent à un enfant)
Le parent voudrait un bref aperçu de certains événements importants de la journée et savoir si elle s'est bien passée. Une fois de plus, cette question ouverte peut être trop vague ou demander un compte-rendu trop détaillé à raconter pour l'enfant. L'interprétation littérale de cette demande amènerait l'enfant à donner un compte-rendu détaillé de sa journée, « *Aujourd'hui je me suis réveillé à 06:43, puis je me suis levé, puis je me suis lave les dents, puis…* » et peut-être même les parties déjà vécues par le parent.

Pour certaines personnes autistes, la peur de mal interpréter une situation, le sentiment de ne pas comprendre, donneraient lieu à une angoisse démesurée. Reconnaissons notre part dans ces malentendus et acceptons la responsabilité d'avoir été peu clairs.

MESURES À PRENDRE

- Soyons précis : ayons en tête le vrai message qui se cache dernier nos mots ; de quelle action ou de quelle information avons-nous besoin exactement ?
- Soyons patient et compréhensif : si notre interlocuteur ne nous comprend pas, il nous faut mieux communiquer notre message.

C'EST CLAIR ?

Faisons-en une affaire personnelle

Si nous demandons à une personne autiste de faire quelque chose, assurons-nous d'attirer son attention, par exemple en utilisant son prénom en début de phrase. Sinon, la personne ne comprendra pas que nous lui adressons la parole, ou qu'elle est concernée par toutes les informations.

Fixer une limite de temps peut rendre le message encore plus clair.

Examinons la phrase suivante :

> « *Ta chambre a besoin d'être rangée.* »

Dans cette phrase, il n'y a aucune mention de la personne qui doit ranger ni à quel moment elle doit le faire. Ces informations sont implicites et évidentes pour la personne qui parle, mais pour une personne autiste, elles peuvent être cachées et invisibles. Donc, il vaut mieux dire :

Adaptons notre langage

> *« Alex, tu dois ranger ta chambre avant le repas de ce soir. »*

De même, la phrase, « la réunion est dans mon bureau » contient beaucoup d'informations implicites, alors que, « Sandrine, venez maintenant dans mon bureau pour la réunion » est moins ambigu.

 MESURES À PRENDRE

- Commençons la phrase d'une façon claire avec le prénom de la personne concernée. Même des expressions comme, « d'accord, l'équipe/la classe… venez autour de moi » n'est pas toujours évident pour une personne autiste parce qu'elle ne s'appelle pas « équipe/classe ».
- Disons exactement ce que nous pensons, évitons d'être implicite dans nos propos.

C'EST CLAIR ?

 **Les expressions de temps**

Parfois, la notion de temps, aussi bien que le langage employé pour le décrire, est difficile pour une personne autiste. Observons les expressions de temps suivantes :

« A _plus_ ! »
« Je ne l'ai pas vu _depuis un moment_. »
« Je serai avec vous _dès que possible_. »
« Tu dis _toujours_ cela ! »
« Vous _ne_ m'écoutez _jamais_ ! »
« À _tout'_ (à l'heure) ! »

Dans ces exemples, le langage employé pour représenter le temps est trop vague, et donc ambigu. Notre interlocuteur n'a pas l'information nécessaire pour les comprendre. Ça veut dire quoi « _plus_ » ? Est-ce dans une heure, le lendemain, ce weekend ? En plus, si nous le disons pour dire « _au revoir_ » de manière informelle, cela peut ne correspondre à aucune de ces possibilités.

Que veut dire « _depuis un (bon) moment_ » ? Longtemps, deux semaines, trois ans ? Dans combien de temps est « _dès que possible_ « ? Et, voulons-nous littéralement dire « _toujours_ » et « _jamais_ » ? Vraisemblablement pas. Et, « _à tout'_ « , n'a aucun sens si nous ne comprenons pas que cette phrase veut dire « _à bientôt_ ».

Parfois, nous indiquons un délai précis :

Adaptons notre langage

« Prenons 5 minutes pour en discuter. »
« J'arrive dans une minute. »
« Peux-tu attendre une seconde ? »
« Je viens de passer un mauvais quart d'heure. »

Les périodes « spécifiques » notées dans ces phrases ne sont que des figures de style et sont donc trompeuses. Notre interlocuteur pourrait très bien les prendre littéralement et être confus quand ces « cinq minutes » se transforment en vingt minutes.

Comment aider notre interlocuteur ? Soyons plus précis. Utilisons des expressions de temps précises si possible ou employons des aides visuelles. Assurons-nous de nous en tenir à toutes les limites de temps définies et n'oublions jamais que les changements de routine peuvent être très stressants pour une personne autiste.

MESURES À PRENDRE

- Employons des expressions de temps précises. Au lieu de dire, « *Nous en parlerons plus tard dans la semaine* », disons plutôt que « *nous en parlerons jeudi matin* ».
- Donnons des délais réalistes et précis et respectons-les. Par exemple, « *nous allons faire cette activité pendant vingt minutes et ensuite nous ferons une pause de quinze minutes* ».

C'EST CLAIR ?

1.9   Le langage ambigu

Comme nous l'avons vu pour les expressions de temps, il y a beaucoup de mots imprécis ou qui ont de multiples significations (ce qui les rend peu clairs !). Notons le langage potentiellement ambigu dans la phrase ci-dessous :

« *Rendez le rapport <u>aussi détaillé que possible</u>.* »

Ce type de demande est sujet à interprétation car le niveau de détail nécessaire n'est pas précis.

« *Elle est <u>assez bouleversée</u> en ce moment.* »

« assez bouleversée » est difficile pour beaucoup de raisons. Tout d'abord, « assez » ici peut signifier « *beaucoup* » ou « *passablement* » ou « *suffisamment* », mais il peut aussi indiquer « *à peu près* ». À cela s'ajoute un état émotionnel auquel il pourrait être difficile pour certaines personnes autistes de s'identifier. Il est difficile de savoir exactement ce que « bouleversée » signifie ici : est-ce « retournée », « renversée », « agitée » ou un mélange des trois ou encore autre chose ?

« *Je peux t'aider, mon chou ?* »

« Chou » est une marque d'affection mais pourrait être confondu avec le légume par une personne autiste.

Adaptons notre langage

« Êtes-vous coincé sur cet exercice ? »

Le sens littéral de « coincé » étant « (vous êtes) un corps étranger introduit dans le mécanisme de manière à bloquer son fonctionnement », il pourrait être difficile pour une personne autiste d'en apprécier le sens figuratif ici de « trouvez-vous cette activité difficile ? ». D'autres exemples de ces mots peu clairs apparaissent dans les deux chapitres suivants.

 MESURES À PRENDRE

- Reformulons les mots qui risquent de prêter à confusion si nécessaire.
- Donnons des modèles à suivre, des exemples de contenu, un nombre approximatif de mots souhaités ou un modèle existant lorsque nous cherchons une réponse précise.

C'EST CLAIR ?

 **Se mélanger les pinceaux**

Comment ces deux phrases pourraient-elles déconcerter notre interlocuteur ?

« Ne t'inquiète pas, je te fais marcher. »
« Sam n'est pas dans son assiette. »

Le langage quotidien nous semble souvent simple, mais est, en réalité, assez complexe pour certaines personnes autistes.

Nous avons tous remarqué les phrases idiomatiques : « faire marcher quelqu'un » et « ne pas être dans son assiette ».

Ces phrases sont excellentes pour ajouter de la couleur et de l'intérêt à notre langue, mais comme elles peuvent être déconcertantes !

Pourquoi cela ?

Eh bien, notre interlocuteur peut identifier certains mots clés (pour lui) tels que « marcher » ou « assiette » et seulement chercher la signification littérale (« ne pas être dans son assiette » peut sembler bizarre ou même incompréhensible). Le sens caché (« il n'est pas bien ») peut échapper à la personne autiste.

Adaptons notre langage

Pour certains, les phrases idiomatiques et leurs significations peuvent être apprises et comprises avec de l'aide et du temps. Néanmoins, le décodage de l'image visuelle produite peut être gênant et augmenter le temps nécessaire à la compréhension.

Il serait irréaliste d'abandonner complètement les phrases idiomatiques. En outre, certaines personnes autistes sont habiles dans leur utilisation du langage figuratif et ont un vaste vocabulaire. Mais il convient de se rappeler que dans la conversation quotidienne et spontanée, notre interlocuteur et nous risquons de ne pas toujours être sur la même longueur d'onde (ou de penser de la même manière).

 MESURES À PRENDRE

- Reconnaissons et limitons les phrases idiomatiques que nous utilisons fréquemment.
- Si nous avons vraiment envie d'employer une phrase idiomatique, expliquons ce que nous voulons dire concrètement. « *J'ai du pain sur la planche* » (« *J'ai beaucoup de travail.* ») « *Ça coûte les yeux de la tête.* » (« *C'est cher !* »)
- Soyons conscients d'autres langages figuratifs tels que les comparaisons (« *tu es haut comme trois pommes* ») ou les phrases métaphoriques (« *Il m'a brisé le cœur* »).

C'EST CLAIR ?

1.11 Ensembles de mots difficiles

Voici d'autres raisons pour lesquelles les traductions littérales peuvent prêter à confusion pour notre interlocuteur.

Que signifie le verbe « *laisser* » ? Nous pourrions comprendre : « *céder* », « *donner* » ou « *abandonner* ». Mais il y a aussi « *quitter* », « *renoncer* » ou « *lâcher* » ... il nous faut reconnaître qu'il a plusieurs sens possibles et les indices nécessaires pour choisir le « bon » sens sont souvent cachés.

Maintenant, prenons la phrase, « *elle n'a rien laissé échapper à propos de sa fête* ». Une personne autiste pourrait entendre « *laissé* » et penser à l'une des définitions ci-dessus - une traduction mot à mot n'a aucun sens ici. C'est parce que le verbe « *laisser* » est utilisé ici avec les mots *« échapper » et « à propos »* qui modifient radicalement le sens du mot.

Les verbes comme « *laisser* », comme beaucoup d'autres (« *prendre* », « *mettre* », « *obtenir* », etc.), changent de sens en fonction des mots qui les suivent. Ces ensembles de mots difficiles sont connus sous le nom de verbes à particules ou locutions verbales.

S'il nous semble que notre interlocuteur est perdu, il suffit de simplifier la phrase.

Adaptons notre langage

« Elle n'a rien dit à propos de sa fête. »

Maintenant, regardons d'autres exemples de « *laisser* » avec différentes prépositions.

« Il a laissé tomber ses amis en arrivant en retard pour le spectacle ». (Décevoir)
« Elle avait laissé son chapeau et son sac ». (Oublier)

Et enfin et surtout, rappelons-nous que la même combinaison de mots peut avoir des significations diverses.

« Je le laisse aller où il veut ». (« Donner la liberté de choix » ou « renoncer au contrôle de » …). *« Tu t'es laissé aller hier soir ».* (« Perdre le contrôle »)

MESURES À PRENDRE

- Essayons de dessiner ou mimer ce que nous voulons dire pour vérifier que nous sommes clairs. Par exemple, *« Je tombais de sommeil, donc j'ai raté le film »*. Nous n'imaginerions pas quelqu'un qui tombe vraiment.
- Trouvons une façon plus claire de dire la même chose, *« j'étais tellement fatigué que je n'ai pas vu le film »*.

C'EST CLAIR ?

Quand la politesse devient un problème

Nous essayons tout naturellement de faire une première bonne impression ou de faire preuve de respect envers certaines personnes en utilisant un discours plus « poli ». Cependant, pour certaines personnes autistes, la politesse peut être un obstacle à la communication.

Linguistiquement, les discours polis sont compliqués. Ils sont souvent indirects avec beaucoup de mots « inutiles ». Par exemple, *« finalement, je crains que je ne puisse pas être en mesure de le faire pour mardi. »* Une alternative plus claire pourrait être :

> *« Désolé, je ne peux pas venir mardi. »*

Un autre problème, qu'on néglige parfois est que le langage poli peut cacher le vrai message.
Par exemple, *« pour être honnête, j'étais un peu contrarié qu'il soit arrivé si tard, »* pourrait être une façon polie de dire que *« j'étais vraiment en colère. »* Ou lorsqu'un réceptionniste demande, *« Voulez-vous attendre là-bas ? »* le vrai sens derrière cette phrase polie est *« attendez là-bas »*, ce qui n'est pas optionnel et n'a rien à voir avec notre volonté.

Adaptons notre langage

L'idée de politesse est souvent interprétée différemment par certaines personnes autistes. Une façon directe de parler qui serait acceptable entre amis autistes, pourrait être considérée comme grossière ou même inacceptable dans d'autres milieux ; ce qui n'est certainement pas intentionnel. De même, une réponse à la question : « *pensez-vous que ma nouvelle coiffure me va ?* » pourrait conduire à des bouleversements involontaires dûs à la franchise de la réponse.

De la même manière, nous pourrions nous sentir impolis en utilisant un langage direct, mais cette façon de parler peut réduire le stress et l'anxiété de notre interlocuteur.

 MESURES À PRENDRE

- Gardons notre langage simple et notre message clair, un discours direct, c'est bien.
- Certaines personnes autistes peuvent être très directes dans leur façon de parler. L'honnêteté et la franchise peuvent être un avantage ; ne l'interprétons pas comme de l'impolitesse.

Widgit Symbols © Widgit Software 2002-2020 www.widgit.com

2.

Inclusif

et pas

exclusif

C'EST CLAIR ?

2.1 Faire attention au bavardage

Beaucoup de conversations commencent et se terminent par des banalités : une remarque sur la météo ou un événement sportif. Ça aide à mettre les gens à l'aise, n'est-ce pas ?

Parfois, oui. Mais ça peut être un terrain miné pour certaines personnes autistes qui peuvent trouver ça linguistiquement exigeant, fatigant et stressant.

Certaines personnes autistes peuvent ne pas voir l'intérêt de dire des banalités, de remplir le silence, et de parler pour le plaisir ; ça peut être exténuant de devoir écouter et tout analyser, ne sachant pas ce qui est important et ce qui ne l'est pas. Le silence peut souvent être préférable à une conversation inutile.

Bien que les sujets de banalités puissent paraître simples, le passage d'un sujet à l'autre peut provoquer la confusion si son contexte n'est pas évident.

Par exemple, quelqu'un qui parle tout à coup de sa vie familiale dans un contexte de travail ou d'école peut sembler très illogique ; pour certaines personnes autistes, la vie familiale et la vie professionnelle sont, et doivent rester, très distinctes.

En outre, les sujets de conversation qui nous concernent (notre trajet au travail, des nouvelles de

Inclusif et pas exclusif

notre famille, le sport, les émissions de télévision, etc.) peuvent être des sujets auxquels notre interlocuteur ne peut s'identifier. Il sera donc encore moins en mesure d'y répondre.

Donnons à notre interlocuteur la possibilité de parler de ce qui l'intéresse aussi.

suite...

MESURES À PRENDRE

- Renseignons-nous sur ce qui intéresse ou compte pour notre interlocuteur, cela lui permettra de participer plus facilement.
- Invitons notre interlocuteur à participer en lui posant une question simple et directe et donnons-lui le temps de répondre.
- Gardons les banalités courtes et simples et soyons conscients de notre rythme.
- Assurons-nous qu'il existe une stratégie de repli d'une situation sociale si notre interlocuteur en a besoin et respectons ce qu'il puisse vouloir et avoir besoin de temps seul.

C'EST CLAIR ?

De même, les banalités sont souvent idiomatiques et vagues. Des phrases telles que « Ce temps de chien ne me dérange pas ! » ou « les dernières minutes de ce match de tennis m'ont tenu en haleine » sont des déclarations complexes : il peut être difficile pour notre interlocuteur d'y répondre. Ces échanges sont souvent tellement rapides qu'ils sont donc plus difficiles à suivre.

Ce que nous disons pour briser la glace peut en fait gêner le processus de communication et laisser certaines personnes autistes incapables d'y participer et donc se sentir exclues.

Pensons aussi à l'endroit où se déroule le bavardage. Si c'est dans un café animé, notre interlocuteur pourrait être submergé par les facteurs environnementaux, tels que : les odeurs, les sons, les choses à voir et l'animation.

Et enfin, le fait qu'une grande partie de nos interactions quotidiennes soient en face-à-face peut être à l'origine d'un stress supplémentaire pour la personne autiste qui peut trouver compliqué, voire impossible, de croiser le regard de quelqu'un ou d'interpréter ses expressions faciales.

C'EST CLAIR ?

2.2 C'est l'histoire de Toto qui...

Certaines personnes autistes peuvent apprécier et aimer les blagues ! En fait, dès que les complexités du langage humoristique sont connues, les jeux de mots délibérés pourraient leur plaire. Cependant, certaines personnes autistes pourraient préférer ou mieux comprendre la farce visuelle plutôt que des plaisanteries et des blagues fondées sur les nuances de la langue française. Ce qui est nécessaire, c'est de savoir ce qui LES fait rire et commencer avec cela.

Partager une plaisanterie peut sembler un bon moyen de mettre les gens à l'aise ou même de désamorcer une situation difficile et cela peut certainement être vrai pour certaines personnes autistes. Cependant, dans un monde « neurodivers « , les anecdotes humoristiques et les remarques « rigolotes » peuvent tomber à plat.

Beaucoup de blagues sont des jeux de mots ou des calembours et leur signification et leur esprit peuvent être perdus pour certaines personnes autistes parce qu'ils ne comprennent que le sens littéral des mots. Ne pas comprendre la blague ou avoir besoin de plus de temps pour la décoder peut générer des sentiments de confusion, de gêne et aussi peut-être d'exclusion du groupe.

Inclusif et pas exclusif

Un autre genre d'humour est le sarcasme. Par exemple, en disant « Quel beau temps aujourd'hui ! » quand il pleut dehors peut être déroutant pour certaines personnes autistes n'ayant pas accès aux figures de style utilisant des mots contraires.

De même, les commentaires plein d'autodérision peuvent être tout aussi déconcertants (par exemple, « voilà mes gâteaux, prenez-en un, ils ne vous tueront pas ! »). Plutôt que de voir le côté drôle de cela, notre interlocuteur pourrait être troublé par l'humour.

Et enfin, la nécessité de filtrer ou de calculer constamment ce qui est censé être une blague et ce qui ne l'est pas peut prendre beaucoup d'énergie et d'efforts.

 ## MESURES À PRENDRE

- Soyons attentifs à quel moment notre humour sème la confusion, mais évitons de faire remarquer les malentendus.
- Si la situation le permet, expliquons discrètement la blague, le commentaire sarcastique ou l'histoire drôle à notre interlocuteur.
- Acceptons que notre interlocuteur puisse nous dire qu'il a compris que nous plaisantions, mais qu'il n'a tout simplement pas trouvé cela drôle !

C'EST CLAIR ?

2.3   Tous ensemble

N'avons-nous jamais eu l'impression d'être exclus d'une conversation ? Peut-être que nous avions raté le début ou que nous n'étions tout simplement pas prêts. Peut-être que nous étions un peu fatigués ou que nous n'étions pas concentrés. Peut-être qu'il se passait trop de choses autour de nous. Cela peut arriver à tout le monde.

La plupart du temps, nous trouvons un moyen de participer ou tout simplement de rattraper les grandes lignes de ce qui a été dit. Tout cela fait partie du déroulement naturel d'une conversation quotidienne. Mais quand une personne autiste doit le faire, c'est plus difficile et cela demande plus d'efforts.

De nombreux facteurs peuvent en être la cause : le nombre d'interlocuteurs, le bruit de fond, le débit de parole, le sujet abordé ou le temps nécessaire pour décoder et intégrer le langage utilisé.

Inclusif et pas exclusif

Certaines personnes autistes se trouvent parfois incapable de formuler des réponses assez rapidement car il leur est difficile de retrouver le bon mot au bon moment ou de mettre des mots sur leur pensées. Tout en préparant mentalement ce qu'elles voudraient dire, certaines personnes autistes pourraient ne pas entendre ce que les autres sont en train de dire parce que toute leur énergie est centrée sur l'idée qu'elles aimeraient faire passer. Elles pourraient essayer d'interrompre brusquement la conversation car c'est la seule façon d'y participer avant que leurs interlocuteurs passent à autre chose. Si elles attendent de se sentir en mesure d'y participer, la conversation risque de s'être éloignée du sujet initial.

suite...

MESURES À PRENDRE

- Préparons ou signalons discrètement à la personne autiste que c'est le moment pour elle de parler ou d'écouter activement, particulièrement après un bavardage social peu important.
- Utilisons le nom de la personne afin d'attirer son attention et de lui indiquer que nous lui parlons.
- Repérons la personne qui pourrait qui pourrait rencontrer une difficulté à participer et intégrons-la à la conversation. Si nécessaire, convenons de stratégies pour s'intégrer, par exemple en levant la main.

C'EST CLAIR ?

En conséquence, certaines personnes autistes pourraient se sentir obligées d'être passives, ce qui peut être frustrant, surtout si c'est interprété comme un manque d'intérêt ou d'opinion.

Certaines personnes autistes peuvent ressentir des niveaux élevés d'anxiété quotidiennement, ou même d'une façon incessante, lorsqu'elles essaient de comprendre et de s'intégrer aux conversations neurotypiques. Elles pourraient donc parfois essayer de rendre la communication sociale plus prévisible et accessible en prenant une place prépondérante ou en apparaissant comme dominant l'interaction.

C'EST CLAIR ?

Faire fonctionner les groupes

Tous les groupes fonctionnent mieux lorsqu'il y a un bon équilibre entre les compétences et les personnalités.

Lorsqu'un groupe est composé de personnes autistes et de personnes non autistes, il est essentiel de reconnaître les besoins individuels de ses membres.

Pour les membres autistes du groupe, ces besoins pourraient concerner :

- L'environnement (par exemple la surcharge sensorielle due au bruit, lumières, odeurs, etc., dont certains aspects peuvent ne pas être perceptibles ou distrayants pour certaines personnes non autistes)
- Le langage (par exemple le manque de clarté, les questions ouvertes, le bavardage)
- Le support visuel (par exemple l'utilisation de documents, photos, technologie numérique)
- Le timing (par exemple des délais précis, des pauses régulières)
- Le temps de traitement des informations (par exemple faire une pause après les questions, reconnaître la difficulté de contribuer tout en regardant, écoutant et lisant des informations)
- Comment répondre ou interagir (par exemple en utilisant des supports visuels, des forums de chat, des courriels)

Inclusif et pas exclusif

- Comment respecter son tour (par exemple veiller à ce que chacun sache quand parler et ait la possibilité de le faire)
- Comprendre les rôles individuels au sein du groupe et intégrer qui fait quoi.

Bien sûr, cela peut prendre du temps de comprendre les différentes façons dont chaque personne communique et s'exprime, mais c'est la clé d'une interaction de groupe efficace.

 MESURES À PRENDRE

- Découvrons qui fait partie du groupe et quels sont leurs besoins en matière de communication.
- Planifions à l'avance autant que possible, par exemple en préparant des supports visuels, en choisissant le bon endroit, l'attribution des places, l'organisation des pauses, etc.
- Après la réunion, proposons soit un « feedback » écrit, soit une conversation en tête-à-tête.

C'EST CLAIR ?

2.5 Valoriser les différentes identités

La façon dont nous communiquons en dit long sur nous : nos origines, nos antécédents, nos expériences de vie et même le type de personne que nous sommes (confiant, intelligent, cultivé, etc.).

Pour certaines personnes autistes, ces informations pourraient être plus difficiles à exprimer ou à transmettre dans les situations professionnelles, scolaires ou sociales.

Sur le lieu de travail, par exemple, les personnes autistes peuvent avoir l'impression que leur statut professionnel est sapé lorsque ceux qui ont moins d'expériences professionnelles, mais de meilleures compétences en communication et en relations sociales, dominent dans les réunions et les discussions. C'est également vrai dans un cadre scolaire où les élèves et les étudiants pourraient avoir plus de mal à contribuer aux discussions en classe et aux séminaires.

Lorsque cela se produit, certaines personnes autistes peuvent se sentir exclues de leur environnement professionnel ou universitaire. Cela peut affaiblir la confiance d'une personne et l'empêcher de réaliser son potentiel parce que ses compétences ne sont pas reconnues. En reconnaissant et en prenant en compte les besoins de la personne autiste, ce potentiel peut être libéré.

Inclusif et pas exclusif

De même, dans les milieux sociaux, la personnalité de la personne autiste peut être mise à mal par les difficultés rencontrées pour communiquer avec certaines personnes non autistes. La personne autiste peut « masquer » qui elle est vraiment dans le but de s'intégrer. Cela peut être épuisant et avoir un impact négatif sur son bien-être.

En reconnaissant et, le cas échéant, en demandant à une personne ce dont elle a besoin, nous pouvons créer un environnement inclusif où la personne autiste se sent comprise et valorisée.

MESURES À PRENDRE

- Renseignons-nous sur notre interlocuteur. Planifions avec lui ou pour lui afin d'être mieux préparé à répondre à ses besoins.
- Gardons en tête que les différences en matière de communication et de compétences sociales peuvent affecter la confiance d'une personne et la façon dont son statut est perçu.

Widgit Symbols © Widgit Software 2002-2020 www.widgit.com

3.

Les différents

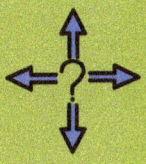

moyens de

communiquer

C'EST CLAIR ?

La communication non verbale

3.1

La communication ne vient pas uniquement des mots que nous utilisons. Elle est en grande partie non verbale (par exemple, le langage corporel, le contact visuel, les gestes, le toucher, la proximité, la posture) et paraverbale (par exemple, le rythme, l'intensité, le ton, le volume et l'accent que nous mettons sur certains mots, phrases ou pauses).

La communication non verbale et paraverbale renforce souvent notre message et elle peut même l'affiner.

Certaines personnes autistes peuvent traiter ces informations non verbales différemment des personnes non autistes et douter, voire être inconscientes, du véritable message que nous essayons de faire passer.

C'est particulièrement problématique lorsque, par exemple, nous levons les yeux au ciel d'une façon sarcastique, ce qui contredit ce que nous disons, ou lorsque quelqu'un regarde sa montre en disant qu'il a tout son temps alors que ce n'est pas le cas.

Les différents moyens de communiquer

Le toucher physique, comme la poignée de main et l'accolade, peut être un élément clé de la communication pour certaines personnes sans autisme. Cependant, certaines personnes autistes trouvent ce type de toucher inconfortable, voire douloureux. De même, n'insistons pas pour établir et maintenir un contact visuel pour les mêmes raisons. Certaines personnes autistes peuvent très bien être à l'écoute même sans établir de contact visuel ni suivre les conventions pour montrer qu'ils le sont.

suite...

MESURES À PRENDRE

- Assurons-nous que notre communication non verbale/paraverbale (par exemple, les expressions faciales, les gestes, les mouvements et les tons) renforce notre message oral et ne contredit pas ce que nous disons.

- Regardons, apprenons, intégrons et valorisons la façon dont notre interlocuteur s'exprime à la fois verbalement et non verbalement.

- Ne touchons pas une personne autiste sauf si elle a expressément dit ou indiqué qu'elle était d'accord.

C'EST CLAIR ?

En tant que personnes non autistes, nous pouvons et devrions apprendre et valoriser la façon dont certaines personnes autistes s'expriment. Il peut y avoir des malentendus mutuels. Il est essentiel de remettre en question nos idées préconçues et nos préjugés concernant les actions des autres. Par exemple, les bruits ou mouvements répétitifs (les stims) tels que fredonner, gigoter une jambe peuvent être des indicateurs d'émotion, ainsi que des moyens de s'autoréguler. Il est primordial de ne pas les empêcher car ces actions peuvent aider certaines personnes autistes à fonctionner, se concentrer ainsi qu'à intégrer les informations, tout comme l'utilisation de balles et d'objets sensoriels ou anti-stress.

Reconnaître que certaines personnes autistes peuvent avoir leurs propres façons de communiquer fait partie de la responsabilité partagée de la communication.

C'EST CLAIR ?

3.2 Les supports visuels

Les supports visuels sont un excellent moyen de faire passer un message de manière simple et claire. Nous les utilisons tous au quotidien, pensons aux panneaux de signalisation routière, aux instructions de lavage, aux pictogrammes des toilettes, etc. Les notes écrites nous aident également à nous rappeler des informations, par exemple des listes de courses, des rappels de réunions ou de rendez-vous . Beaucoup de personnes autistes trouvent les informations visuelles plus faciles à traiter et à retenir que les informations purement orales.

Par exemple, la compréhension et la mémorisation des routines et des tâches quotidiennes peuvent être facilitées par l'utilisation de supports visuels.

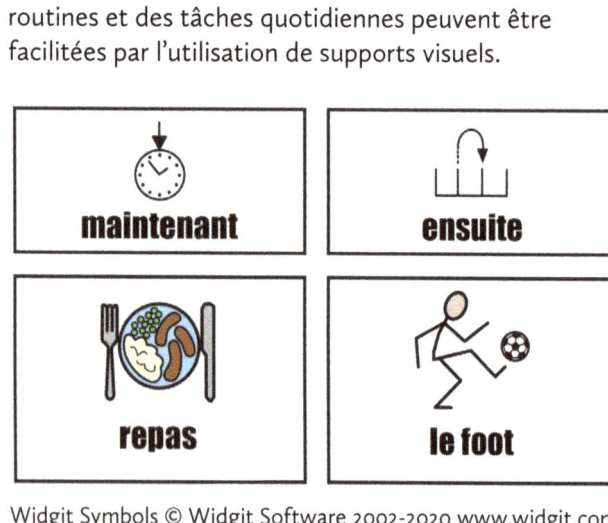

Widgit Symbols © Widgit Software 2002-2020 www.widgit.com

Les différents moyens de communiquer

Juksy/Shutterstock.com

Même pour les communications plus complexes, par exemple sur le lieu de travail ou à l'université, les instructions écrites et les clarifications visuelles sont essentielles. Une démonstration (en personne ou via une liaison vidéo) du fonctionnement d'un nouveau système informatique ou une modélisation de la manière dont nous souhaitons que les comptes soient établis peut rendre les informations plus faciles à traiter que de simples instructions verbales.

suite...

C'EST CLAIR ?

Les supports visuels peuvent également être utiles pour solliciter des commentaires de notre interlocuteur. Par exemple, en utilisant différentes cartes de couleur attachées à un cordon pour communiquer ; vert (je suis heureux de / capable de communiquer dès maintenant), orange (ralentir ou ne me parler que si j'initie une conversation ou si c'est important), rouge (arrêter - clarifier / répéter, ou me laisser tranquille s'il vous plaît). De même, ce système de couleurs pourrait être utilisé dans un « chat » en ligne.

Tout comme les aides visuelles peuvent aider certaines personnes autistes à comprendre le langage, certaines personnes autistes non verbales s'expriment également par le biais de l'écrit ou de symboles/images (y compris numériques). Lors de situations où le niveau de stress augmente, certaines personnes autistes qui communiquent habituellement verbalement, peuvent avoir besoin d'utiliser des mots écrits et/ou des aides visuelles afin de communiquer.

Les différents moyens de communiquer

 MESURES À PRENDRE

- Utilisons des supports visuels lorsque nous communiquons, y compris la technologie numérique comme les smartphones, les tablettes et les ordinateurs portables.
- Soyons flexibles et ouverts aux différents styles de communication et validons les méthodes choisies par la personne autiste.
- Laissons à notre interlocuteur le temps nécessaire pour préparer ses pensées et ses idées avec les supports visuels (par exemple, cartes mentales, notes écrites).

C'EST CLAIR ?

3·3   La communication écrite

Les informations écrites, y compris les courriels, les textes, les messages, et même les « post-it », peuvent clarifier le traitement et la rétention des informations, ainsi que donner à la personne autiste plus de temps pour structurer sa réponse. Beaucoup de personnes autistes préfèrent ce mode de communication plutôt que de parler au téléphone, qui peut être très stressant pour elles.

Cependant, il est important que l'information écrite soit claire et sans ambiguïté. La plupart de ces règles s'appliquent au langage parlé.

Par exemple, afin de rendre nos courriels plus clairs pour notre interlocuteur :

- mettons en évidence les informations importantes (heure, date, lieux, etc.) au début du texte/courriel
- décomposons les informations en petites parties
- gardons des phrases courtes et concises
- utilisons des numéros ou des puces pour séparer les différentes parties/idées…
- évitons un langage ambigu et vague, par exemple les expressions idiomatiques, les figures de style et les expressions temporelles
- utilisons des éléments visuels lorsque c'est possible, par exemple des organigrammes ou des codes de couleur.

Les différents moyens de communiquer

Les émojis exprimant des émotions et, dans le cas des messages textuels, la « langue des textes », (par exemple ajd, oj, auj, ojd = aujourd'hui ; geta = Google est ton ami = invitation à consulter le moteur de recherche Google avant de poser une question), peuvent également poser problème à certaines personnes autistes. Cependant, il est également important de reconnaître qu'il peut s'agir d'une façon de parler préférée pour certaines personnes autistes.

 MESURES À PRENDRE

- Disons ce que nous pensons et pensons ce que nous disons. Les textes et les courriels peuvent être ambigus, surtout lorsque le contexte n'est pas clair.
- Découpons les longs courriels en petites parties clairement espacées.

C'EST CLAIR ?

 **3.4** **Appels téléphoniques**

Parler au téléphone peut s'avérer incroyablement difficile pour certaines personnes autistes et beaucoup d'entre elles évitent carrément de passer des appels. Recevoir des appels téléphoniques peut être particulièrement stressant car il est difficile de prévoir quand un appel va avoir lieu. A moins de l'avoir organisé à l'avance, la personne autiste n'a aucune idée de la raison de notre appel et de ce dont nous voulons parler.

Les appels téléphoniques non planifiés sont également frustrants car ils peuvent interrompre ce que la personne autiste est déjà en train de faire ou ce qu'elle avait prévu de faire. Ce changement soudain d'horaire peut sembler insurmontable et épuisant, et particulièrement difficile si elle est absorbée par une tâche. Dans les secondes qu'il faut pour répondre au téléphone, notre interlocuteur doit passer d'une activité à une autre. Il n'a pas assez de temps pour se préparer et s'adapter à une conversation nouvelle et inattendue.

Certaines personnes autistes peuvent prendre plus de temps pour traiter les informations au téléphone si elles ne peuvent pas voir les expressions faciales, les gestes, etc. C'est notamment le cas lorsque nous parlons trop vite ou que nous utilisons trop de langage figuré, de banalités ou d'humour ou que nous posons trop de questions.

Savoir quand c'est leur tour de parler est tout aussi difficile pour certaines personnes autistes. Sans les signaux visuels habituels, elles pourraient nous interrompre par accident,

Les différents moyens de communiquer

parler trop longtemps ou être moins éloquentes qu'elles ne le seraient normalement. Elles peuvent également se sentir stressées si elles n'ont pas assez de temps pour réfléchir à des réponses à nos questions.

L'intensité d'une interaction individuelle et non planifiée peut créer une surcharge sensorielle supplémentaire. Selon l'endroit où se trouve notre interlocuteur lorsque nous l'appelons, il peut y avoir des distractions environnantes dont nous n'avons pas conscience, mais qu'il doit filtrer.

Le sentiment d'être mis sur la sellette est ce qui rend les appels téléphoniques si difficiles pour notre interlocuteur. Soyons sensibles au fait que cela peut être fatigant et faisons en sorte que les appels soient courts et ciblés ou proposons un autre moyen de communiquer.

MESURES À PRENDRE

- Si possible, envoyons un SMS ou un courriel à l'avance pour convenir d'une heure d'appel.
- Envoyons un SMS ou un courriel à notre interlocuteur en indiquant le sujet de la conversation que nous souhaitons avoir.
- Si nous passons un appel non planifié, demandons si le moment et le lieu conviennent à notre interlocuteur.
- Faisons suivre toute décision ou arrangement dont nous discutons par un courriel ou un SMS.

C'EST CLAIR ?

 ## 3.5 Les conversations en ligne

Les réunions virtuelles peuvent être préférables aux réunions en personne pour certaines personnes autistes, car elles peuvent offrir la possibilité de communiquer par écrit grâce à la boîte à commentaires. Elles peuvent trouver plus facile de traiter et de contribuer aux informations de cette façon plutôt que verbalement.

Cependant, les réunions virtuelles et même l'anticipation de celles-ci, peuvent également augmenter les niveaux de stress.

Outre les problèmes techniques familiers qui peuvent retarder ou interrompre le flux d'une conversation, les différences sensorielles peuvent signifier que certaines personnes autistes peuvent avoir du mal à filtrer des informations importantes si des images et des sons en ligne ou en arrière-plan les distraient.

Devoir passer d'un écran à un autre lors d'un partage d'écran, en même temps que quelqu'un tape sur un clavier ou que le téléphone sonne, tout cela peut être fatigant et paraître insurmontable.

Comme pour les interactions en personne, notre interlocuteur peut trouver le contact visuel difficile et préférer ne pas allumer sa caméra. Certaines personnes autistes pourraient être capables de nous écouter ou de nous regarder, mais pas les deux en même temps.

Les différents moyens de communiquer

Les discussions de groupe en ligne sont peut-être encore plus difficiles, car il peut être trop compliqué de devoir faire face à des interruptions et à plusieurs personnes qui parlent en même temps. En outre, la conversation peut être fortement orientée par les participants les plus affirmés, ce qui rend plus difficile la participation des autres.

suite...

MESURES À PRENDRE

- Envoyons à l'avance un ordre du jour clair, avec les horaires et les pauses prévues. Expliquons-le au début de la réunion et respectons-le.
- Fournissons à l'avance du matériel visuel ou écrit pour aider les participants à se préparer à la réunion.
- Organisons la réunion dans un endroit calme. Eteignons tous les téléphones portables au cas où ils sonneraient.
- Rappelons à chacun de couper le son de son micro lorsqu'il ne parle pas.
- Utilisons la fonction de « chat » et soyons attentifs à la boîte de commentaires : c'est peut-être le seul moyen pour certaines personnes de participer.
- Assurons un suivi visuel de tous les points importants, par exemple par courriel.

C'EST CLAIR ?

Savoir quand se joindre à une conversation peut également être frustrant. Les conversations en ligne fonctionnent mieux pour tout le monde s'il existe un système convenu pour prendre la parole, par exemple en levant la main, virtuellement ou vers la caméra. Si plusieurs personnes participent à une réunion en ligne, l'utilisation de la boîte de discussion peut encourager la participation, mais veillons à prêter attention aux commentaires.

C'EST CLAIR ?

3.6 Conférences et présentations

La clarté de notre discours et de notre présentation est essentielle pour garantir l'inclusion. Même si nous ne sommes pas conscients de la présence de personnes autistes dans le public, une communication claire profite à tous. Restons sur le sujet et évitons les commentaires anecdotiques ou impromptus.

En plus d'adapter notre langage, d'ajuster notre vitesse et d'ajouter des pauses ; il est important d'utiliser un vocabulaire cohérent autant que possible. Tout nouveau vocabulaire devra peut-être être expliqué avant la présentation ou lorsqu'il est utilisé pour la première fois.

Évitons les présentations PowerPoint qui nécessitent beaucoup de lecture et, là encore, utilisons des clarifications visuelles lorsque cela est possible. Si nous utilisons du matériel écrit, laissons suffisamment de temps à nos participants autistes pour traiter l'information avant de passer à autre chose. Mieux encore, envoyons les diapositives et les documents à l'avance pour que la personne puisse les lire et se préparer à l'avance.

La numérotation des sections ou l'ajout de titres clairs aideront également à « baliser » notre présentation.

Les différents moyens de communiquer

 MESURES À PRENDRE

- Envoyons le matériel ou les diapositives à l'avance si possible.
- Commençons notre exposé en fixant, à la fois visuellement et verbalement, des temps précis pour chaque section, y compris les pauses.
- Dans la mesure du possible, utilisons des éléments visuels sur les diapositives plutôt que du texte.
- Expliquons les acronymes et les abréviations la première fois que nous les utilisons. Ne supposons pas qu'ils sont connus de tous, par exemple, rdv (rendez-vous), RSVP (répondez s'il vous plaît)
- Soyons attentif à tout facteur sensoriel qui pourrait nuire à la concentration d'un public de personnes autistes.

C'EST CLAIR ?

Conclusion

Que nous en soyons conscients ou non, nous connaissons tous une personne autiste.

Chaque personne autiste présente des différences en termes de communication, de traitement de l'information et de la compréhension des codes sociaux. Les différences de traitement sensoriel peuvent également être envahissantes dans de nombreux environnements et de nombreuses interactions. Le manque de reconnaissance et de compréhension de la façon dont ces différences peuvent se présenter et fluctuer pour chaque individu conduit à des malentendus.

Notre utilisation du langage est instinctive, mais nous devons remettre en question cet instinct ainsi que toutes les suppositions que nous pouvons avoir sur la façon dont une personne autiste devrait s'impliquer, interagir et communiquer avec nous.

Avec l'aide de « C'est Clair ? » nous pensons que nous pouvons tous devenir de meilleurs communicants, plus ouverts, plus inclusifs.

Conclusion

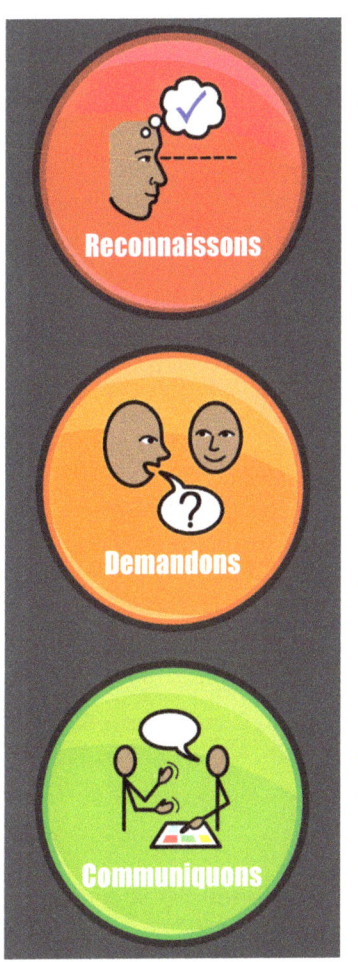

Reconnaissons quand le langage que nous utilisons constitue un obstacle à la communication

Demandons ou découvrons ce dont notre interlocuteur autiste a besoin et adaptons notre langage en conséquence.

Communiquons plus efficacement dans un monde neuro-diversifié.

Widgit Symbols © Widgit Software 2002-2020 www.widgit.com

C'EST CLAIR ?

10 mesures que certaines personnes autistes ont besoin que nous prenions

1. Soyons attentifs à tout bruit, bavardage ou activité environnants. Encourageons l'utilisation d'un casque anti-bruit s'il favorise la concentration.

2. Sachons que la vue, l'odeur, le goût et le toucher peuvent aussi être source de distraction.

3. Prenons le temps de faire des pauses régulières et veillons à respecter les horaires.

4. Si nous devons discuter avec un collègue et que la personne autiste ne participe pas à la conversation mais est à portée de voix, essayons de le faire ailleurs.

5. Proposons des endroits plus calmes pour des rencontres informelles. Les rencontres sociales, en particulier dans des cafés/bars bruyants, peuvent être difficiles.

6. Limitons ou évitons les bavardages. Notre interlocuteur n'est peut-être pas très réactif ou bavard. Renseignons-nous sur ses intérêts et ses sujets de communication préférés.

10 mesures... que nous prenion

7. N'insistons pas sur le contact visuel ou physique, par exemple en serrant la main de quelqu'un, sauf si notre interlocuteur nous donne son accord.

8. Prévoyons plus de temps pour une conversation. Il se peut que notre interlocuteur ait un processus de réflexion plus lent, qu'il ne soit pas en mesure d'accorder toute son attention ou qu'il soit simplement fatigué.

9. Si notre interlocuteur ne communique pas très bien quelque chose, demandons-lui de le répéter. Si quelque chose nous parait blessant, ce n'est probablement pas intentionnel.

10. Envoyons un courriel à l'avance si nous devons communiquer un grand nombre d'informations complexes. C'est plus facile de comprendre ou d'assimiler de cette façon.

Chaque personne autiste est différente – ce qui fonctionne avec une personne peut ne pas fonctionner avec une autre. Demandons (ou renseignons-nous sur) ce que chaque personne attend de nous.

C'EST CLAIR ?

Note

Considérations pour éviter les demandes afin de réduire le stress et l'anxiété :

Si les instructions directes sont utiles par leur clarté pour de nombreuses personnes autistes, cette franchise peut parfois exacerber les sentiments de stress et d'anxiété. Cela peut affecter la capacité d'une personne à tolérer les attentes réelles et ressenties dans une société pleine de règles explicites et implicites.

Lorsque le niveau de stress est élevé, certaines personnes autistes ont besoin de réaffirmer un sentiment de contrôle pour faire face à l'imprévisibilité et à l'incertitude des autres. Pour réduire l'anxiété, évitons les instructions et les exigences directes, et permettons plutôt à notre interlocuteur de sentir qu'il a une certaine autonomie.

Essayons de :
- donner le temps et l'espace nécessaires pour s'autoréguler
- offrir des choix
- faire des demandes indirectes
- rendre accessible les demandes en les intégrant dans la conversation quotidienne
- donner la possibilité de dire « non »
- utiliser des supports visuels, par exemple une note écrite, plutôt que de faire des demandes verbales.

C'EST CLAIR ?

À propos des auteures

Zanne Gaynor et **Kathryn Alevizos** sont des auteures publiées, des formatrices expérimentées et des spécialistes en langues qui ont travaillé au Royaume-Uni et à l'étranger.

Elles ont toutes deux rédigé du matériel pédagogique anglais et des épreuves d'examen pour Pearson, Richmond, Macmillan, Cambridge Assessment et Trinity.

Zanne et Kathryn sont les cofondatrices d'Acrobat-Global une entreprise spécialisée dans les supports et les formations qui favorisent une communication claire pour tous.

En 2019, elles ont auto-publié Is that clear? Effective communication in a multilingual world, qui a été présélectionné pour un Business Book Award au Royaume-Uni.

Pour plus d'informations, contactez-les à l'adresse https://www.acrobat-global.com/home

À propos des auteures

Joe Butler est une consultante en éducation qui a travaillé avec des enfants et des jeunes personnes autistes depuis plus de vingt ans. Pendant la plupart de cette période, elle a enseigné dans une école spécialisée dans l'autisme pour des élèves âgés de 4 à 19 ans, et dernièrement en tant que directrice. Elle continue à travailler dans des écoles ordinaires et spéciales en tant que conseillère.

Joe propose des conseils et des formations sur mesure aux organisations d'éducation, de jeunesse et d'adultes à travers le Royaume-Uni par le biais de sa société SEND Support. Elle intervient régulièrement lors de conférences et d'événements, et s'engage à apprendre, à partager et à amplifier les voix et les expériences des personnes autistes afin d'améliorer la compréhension et de susciter des changements positifs. Joe peut être contactée pour tout type de soutien autour de l'autisme, y compris des formations et des ateliers en anglais sur la communication basés sur « C'est clair ? » via Twitter ou son site web.

@SENDsupportuk
www.sendsupport.co.uk

C'EST CLAIR ?

Remerciements

Un grand merci à un merveilleux groupe de personnes qui nous a apporté un soutien et des commentaires inestimables pendant la rédaction de ce livre :
Dean Beadle, Vic Borghi, Ian Braisby, Sarah Broadhurst, Emma Chantler, Paul Craven, Sarah-Jane Critchley, Joe Cumberbatch, Clive Dunn, Erin Ekins, Suzanne Farrell, Robert Greenall, Louisa Hackford-Gentle, Geoffrey Hames, Jo Harrison, Benjamin-Rose Ingall, Caroline Johns, Catrin Lawrence, Jane (et Jamie) Lush, Lorraine MacAlister, Dr Damian Milton, Louise Pennington, Eddy Phillips, Peggy Powell, Sarah Rose, Joanne Shenton, Max Shenton, Clare Steele, Lucy Trinder, Nathalie Walters, Becky Wells, Sally West, Barbara Willis.

Merci également à Andrew Chapman qui, une fois de plus, a donné vie à nos idées grâce à d'excellents services éditoriaux et de conception ; ce fut un plaisir de travailler avec lui.

Avec nos remerciements à Widgit Software, www.widgit.com, pour leur permission d'utiliser les symboles Widgit tout au long du livre.

Et enfin, un merci spécial à quatre femmes très importantes dans nos vies - la belle-mère de Zanne, Eileen Walker ; la mère de Kathryn, Margaret Hammond ; la mère de Joe, Anita Butler et la mère de David, Joan Edwards.

www.ingramcontent.com/pod-product-compliance
Lightning Source LLC
Chambersburg PA
CBHW040417100526
44588CB00022B/2851